Umgang mit der Prüfungsang

Taschenratgeber

von Alexander Patrick Rudolph

Umgang mit der Prüfungsangst

Alexander Patrick Rudolph

Impressum

Bibliografische Information der Deutschen Nationalbibliothek:
Die Deutsche Nationalbibliothek verzeichnet diese Publikation
in der Deutschen Nationalbibliografie; detaillierte
bibliografische Daten sind im Internet über http://dnb.dnb.de
abrufbar.

© 2023 Alexander Patrick Rudolph

Lektorat: Alexander Patrick Rudolph
Korrektorat: Alexander Patrick Rudolph
weitere Mitwirkende: Alexander Patrick Rudolph

Herstellung und Verlag: BoD – Books on Demand,
Norderstedt

ISBN: 978-3-7528-1104-9

Inhaltsverzeichnis

1   VORWORT

Mein Name ist Alexander Patrick Rudolph und ich bin seit 2015 in der Erwachsenenbildung tätig. Zwischenzeitlich habe ich bundesweit, mehreren Hundert Schülern und Schülerinnen durch diverse Prüfungen begleiten dürfen. In diesem Rahmen begegne ich auch immer wieder Personen, die unter Prüfungsangst leiden.

Das Vermitteln von Daten, Methoden, Prinzipien, Vokabeln usw. um eine Prüfung zu bestehen, ist der Hauptteil meiner Arbeit. Es ist immer wieder erschreckend zu sehen, wie einige Leute im Rahmen einer Prüfungssimulation, den Zugriff auf ihr erlerntes Wissen verlieren, da die Prüfungsangst sie blockiert. Ich habe starke und schwache Ausprägungen erlebt.

Daher wurde auch die Abmilderung der Prüfungsangst zu einem meiner Ziele. Auch die Eingrenzung bzw. Bekämpfung ist durch die Anwendung unterschiedlicher Methoden möglich.

Der kleine Taschen-Helfer hier, soll allen die Möglichkeit geben, sich mit der eigenen Prüfungsangst auseinander zu setzen. Sie zu verstehen ist die Grundlage um sie zu überwinden.

Ich wünsche jedem von Ihnen eine unbeschwertere Zukunft.

Angst ist grundsätzlich erst einmal nichts Schlechtes. Sie ist ein natürliches Alarmsignal, welches auch warnen und dadurch ein vorsichtigeres Vorgehen erreichen kann. Es kommt immer auf den Grad der Angst an und ob diese negative Auswirkungen, wie zum Beispiel Blockaden oder Panik mit sich bringt.

Die Psychologie unterscheidet die Furcht und die Angst, beide werden im Alltag umgangssprachlich oftmals synonym verwendet.

Grundsätzlich ist die Angst psychischer Natur, kann aber auch **körperliche Reaktionen** hervorrufen:

- Unruhe
- Kälteschauer
- Zittern
- Appetitmangel
- Schwitzen
- Herzklopfen
- Nervöse Unruhe
- Trockener Hals / Mund
- Übelkeit
- Bauchschmerzen
- Schlafstörungen

Psychische Beschwerden

- Panisches Gefühl
- Gedanken Strudel um das Versagen (negative Visualisierung)
- Angespanntheit
- Gereiztheit
- Blockade / Untätigkeit

Allgemeines Gefühl welches sich behavioral durch Vermeidungs- und Fluchtverhalten oder Abwehr kennzeichnet. Angst kann auch ohne direkt Zuordnung eines Auslösers auftreten. Die Angst kommt quasi „von innen".

Beispiele:

- Was Spinnen allgemein tun können (kein konkreter Auslöser notwendig, die Gedanken reichen)
- „Ich möchte grundsätzlich nicht auf Dächer klettern"
- „Ich habe (grundsätzlich) Angst vor Prüfungen"

Gefühl ausgelöst durch eine spezifische Situation oder ein spezifisches Objekt. Die Furcht kommt quasi „von außen".

Beispiele:

- „Ich sehe eine Spinne / Schlange..."
- „Ich möchte auf dieses Dach nicht hinaufklettern"
- „Ich habe Angst (Furcht) vor (konkret) dieser Prüfung"

Mehr Einflüsse, als man zum gegenwärtigen Zeitpunkt verarbeiten kann.

„Zustand der Alarmbereitschaft des Organismus, der sich auf eine erhöhte Leistungsbereitschaft einstellt."
Die Gesundheitsberichterstattung des Bundes 2020

Man unterscheidet den Eustress (positiver Stress) und den Distress (negativer Stress).

„Distress ist derjenige Stress, der vom Organismus als unangenehm, bedrohlich oder überfordernd empfunden wird."
Hans Selye

2.3.1   Stressoren

Stressoren sind Faktoren, welche Stress auslösen. Die Identifikation der eigenen Stressoren ist einer der Schlüssel zur Minderung der Prüfungsangst. Man muss die Probleme kennen, um sie lösen, oder zumindest lindern zu können.

Panik ist ein Gefühlszustand, in dem man sich tatsächlich oder angenommen bedroht sieht und Flucht das einzige Mittel scheint. Sie ist eine starke Stressreaktion des Organismus auf eine meist unerwartete und erschreckende Situation. Hieraus ergeben sie diverse vegetative, körperliche und psychische Symptome.

2.4.1   Panikreaktionen

- Panikschrei
- Panikstarre (Erstarren)
- Paniksturm (Flucht)

Unsere Gedanken sind überaus mächtig. Sie ermöglichen es uns Dinge zu manifestieren. Wenn wir daran glauben etwas schaffen zu können, setzen wir einen Grundstein, dies auch erreichen zu können.

Aber ebenso, funktioniert das auch im Negativen. Wenn wir oder andere uns einreden, dass wir etwas nicht schaffen können, so kann auch dies zu einem Grundstein werden, der es uns erschwert, oder sogar unmöglich macht, unsere Ziele zu erreichen.

Die bezeichnet man als „Self-fulfilling prophecy", also eine sich selbst erfüllende Prophezeiung.

Der Blackout ist der gefühlte Supergau. Das ganze Wissen ist weg! Dies stimmt so aber nicht, aber es wird so wahrgenommen, es ist viel eher eine Blockade, die den Zugriff auf das Gelernte verhindert. Der Blackout ist temporär und nicht zwangläufig allumfassend, sondern eher partiell.

Gerade da der Blackout, als das schlimmste Ergebnis gilt, führt dies zur größten Angst. Hieraus ergibt sich eine Art Angstspirale, die sich selbst höherschraubt.

Das Ergebnis der oben genannten Punkte kann die Prüfungsangst sein, wovon die Steigerung die Panik vor dem Blackout ist. Das Prinzip der Selbsterfüllenden Prophezeiung.

Die potenziellen Auslöser können vielfältig sein:

- Der Prüfungstag
- Das Gebäude in dem die Prüfung statt findet
- Der Raum in dem die Prüfung statt findet
- Die anderen Prüflinge
- Die Prüfungsunterlagen
- Die Prüfer
- Die eigenen Gedanken
- Zu wenig gegessen und getrunken
- Die Uhr
- Zeitdruck
- Schlechte körperliche oder mentale Verfassung

4 GEGENMAßNAHMEN

Genau dieser Abwärtsentwicklung wollen wir entgegenwirken. Die Angstspirale muss durchbrochen werden, da wir sonst unweigerlich eine sich immer weiter verstärkenden Prüfungsangst, heraufbeschwören.

Zu diesem Zwecke, haben sich folgende Methoden bewährt:

4.1 Was ist die Quelle der Angst?

Gehen Sie in sich und versuchen Sie zu ergründen, was bei Ihnen der bzw. die Auslöser der Angst ist/sind. Sobald diese identifiziert wurden, kann man versuchen diese Punkte abzumildern, damit sie ihren Schrecken verlieren.

4.2 Hinterfragen Sie die negativen Gedanken

Sind die Dinge, die Sie stressen wirklich so, wie Sie Ihnen erscheinen?

Als typisches Beispiel: „Ich habe nichts gelernt." Bzw. „Ich kann mir nichts merken."

Ist das wirklich so? Es handelt sich zumeist eher um eine verschobene Perspektive. Man sieht die Situation negativer, als sie tatsächlich ist. Hieraus ergibt sich ein negativ verzerrtes Selbstbild, woraus sich ein schwaches Selbstbewusstsein (eventuell nur partiell) bilden kann.

4.3 Frühzeitige und ernsthafte Vorbereitung

Mit Wissen dem Zweifel am Bestehen entgegenwirken. Je sicherer ich mich in der Prüfungsthematik bewege, desto weniger Raum wird dem Zweifel geboten.

Setzen Sie sich eine grOßzügige Zeitspanne für die Vorbereitung. Lieber anfangs, wo man den gesamten Zeitaufwand noch nicht exakt abschätzen kann, intensiver lernen und somit die Möglichkeit haben, bei positivem Verlauf, es später etwas ruhiger angehen zu können.

4.4 Vermeidung von Stress beim Lernen

Lernen ist grundsätzlich gut, aber nicht verbissen und ohne Rücksicht auf Verluste. Wenn man merkt, dass der Kopf „dicht macht" erstmal Abstand. Lenken Sie sich mit etwas komplett anderem ab. Achten Sie auf Ihre Gefühlslage (Stress, Unruhe, Angst...), erst wenn diese Emotionen auf ein Normalmaß gesunken sind, empfiehlt es sich weiter zu lernen.

Auch kleine Schritte führen zum Ziel. Setzen Sie sich Lernetappen mit realistischen Zielen, dies verschafft Erfolgserlebnisse, die zum Aufbau der Motivation beitragen.

4.5   Gesunde Mischung

Ja, es ist wichtig sich auf die Prüfung vorzubereiten. Aber wenn Schlaf, Bewegung und Ernährung nicht auch entsprechend bedient werden, wird es immer schwerer, ergiebige Lerneinheiten zu absolvieren. Die Aufnahme (der Informationen) fällt schwerer.

4.6   Entspannen / Abstand gewinnen

Keiner erwartet Lernphasen von 24 Stunden täglich. Dies ist auch Kontraproduktiv. Je länger man lernt, desto geringer ist in der Regel die Ausschöpfung, da man immer weniger aufnimmt.

Sich zwischendurch zu entspannen, um sich mit frischer Energie wieder ans Werk zu machen. Dies ermöglicht es, sich wieder dem Lernstoff mit mehr Aufmerksamkeit zu widmen, wodurch ein effektiveres Lernen möglich ist.

4.6.1 Den Atem kontrollieren

Nehmen Sie das Tempo aus der Situation um diesen negativen Kreislauf zu durchbrechen. Verbannen Sie alle Gedanken aus Ihrem Kopf. Konzentrieren Sie sich lediglich auf Ihre Atmung, nutzen Sie eine bewusste Atmung.

Diese Technik hat einen ähnlichen Effekt wie eine Meditation. Man konzentriert seine geistige Aufmerksamkeit auf eine kaum herausfordernde Tätigkeit und schafft so Distanz zu der sich immer weiter hochschaukelnden Situation.

Dies ermöglicht es, mit einer entspannteren Grundhaltung, sich der stressigen Situation zu stellen.

4.7 Sport treiben

Neben den positiven Aspekten, bietet Sport zudem mit dem Ausstoß von Endorphinen (Glückshormonen) einen weiteren Pluspunkt. Man wird glücklicher und mit diesem positiveren Zustand, lässt es sich leichter lernen.

Darüber hinaus ist jeder Tag, an dem ich mein Vorhaben (Sport zu treiben) umsetze, ein kleines Erfolgserlebnis, was zur Selbstzufriedenheit beiträgt und somit einen Beitrag zum Aufbau eines gesunden Selbstbewusstseins führt.

Man stelle sich das Bild des seelischen Gleichgewichts vor. Wenn ich meinen negativen Gedanken, die ich nicht unbedingt kontrollieren kann, Raum gebe, aber im Gegensatz dazu, keine positiven Gedanken, die ich kontrollieren kann, heraufbeschwöre, kann gar kein Gleichgewicht entstehen. Und dieses Ungleichgewicht liegt ja bereits vor.

Wenn ich negative Punkte immer wieder gedanklich hervorrufe, habe ich mir selbst gegenüber, die Verpflichtung auch positive Punkte (Erfolge) entgegenzusetzen. Nur so lässt sich auch ein ehrlicher Vergleich ziehen.

Diesen Vorgang bezeichnet man oft auch als positive Affirmation setzen.

4.8.1   Motivation

Die Motivation ist der Grund, warum wir etwas tun. Wir versuchen bestimmte Gedanken zu verstärken, um den Grad der Motivation zu steigern. Das bezeichnet man auch als den Aufbau eines Mindsets, also einen gedanklichen Rahmen für eine spezifizierte Zielerreichung.

4.8.2   Visualisierung

Man geht in Gedanken immer wieder den Ablauf des Prüfungstages durch. Dadurch verringert man den Faktor des Unbekannten und baut sich eine Art gedankliche „Routine" auf. Je genauer man weiß, worauf man sich einlässt, desto weniger Raum ist für Zweifel und andere negative Gedanken da.

4.9   Simulationen unter Prüfungsbedingungen

Prüfungssimulationen unter Testbedingungen sind gut um Risikopunkte (Stressoren) zu identifizieren. Man kann auf so gut wie jeden Punkt reagieren und somit den Grad der Unruhe, der von diesem ausgeht, zu reduzieren.

Zum Beispiel gewöhnt man sich dadurch an das Zeitlimit, oder die Aufgabenstellung sowie die verwendeten Fragen.

Zudem ist eine gewohnte Situation weniger erschreckend, als eine Unbekannte. Machen Sie die Prüfung zur Routine.

4.10   Erwägung einer Therapie

Sollte die Prüfungsangst schon eher einer ausgeprägten Panik gleichen und die obigen Lösungsansätze nicht wirken, wägen Sie für sich ab, ob der Schritt zu einer professionellen Hilfestelle nicht eher zielführend sein könnte. Ihr Leben soll leichter werden und es ist keine Schande, Hilfe anzunehmen.

Falls Sie nicht wissen, wie Sie an qualifizierte Hilfe gelangen, empfiehlt sich eine Anfrage bei Ihrem Hausarzt bzw. Ihrer Krankenkasse.

5 NACHWORT

Es verdient Anerkennung, sich seinen Ängsten zu stellen. Auch ein Überwinden dieser Ängste ist, ebenso wie die Entstehung der Ängste, keine Aufgabe weniger Tage, es ist eher ein fortlaufender Prozess.

Dieser Leitfaden ist keine Generallösung, die bei jedem den gleichen Erfolg hat. Sollte nichts hiervon zu einer Beruhigung beitragen, so würde ich empfehlen, professionelle Hilfe zu Rate zu ziehen. Dies ist keine Schande, sondern sogar ein Zeichen der Stärke. Denn eine Selbstaufarbeitung inklusive der Definition von Stärken und Schwächen erfordert viel Stärke und Reife.

Schreiben Sie mir gerne welche Methodik bei Ihnen gewirkt hat und welche nicht, oder auch gerne, wenn ich mich weiteren spezifischen Punkten in diesem Buch annehmen sollte.

Vielen Dank für Ihre Zeit und ich wünsche Ihnen eine ergiebige Reise bei der Erfüllung Ihrer beruflichen und privaten Ziele.

9 783752 811049